SLOTERVAART

Pieter Callandlaan 87 b   1065 KK Amsterdam
Tel. 615 05 14
slovv@oba.nl

afgeschreven

Redactie: Larry Iburg
Omslagontwerp: Erik de Bruin, www.varwigdesign.com
                   Hengelo
Lay-out: Christine Bruggink, www.varwigdesign.com
Foto's omslag: Stichting CliniClowns Nederland
Foto's binnenwerk: Stichting CliniClowns Nederland
Druk: Wöhrmann Print Service
                   Zutphen

ISBN 978-90-86600-04-5

© 2007 Uitgeverij Ellessy
Postbus 30227
6803 AE Arnhem
www.ellessy.nl

WWW

wij willen weten

Yonke Stevens

CliniClowns

Deel 24

 SLOTERVAART

Pieter Callandlaan 87 b   1065 KK Amsterdam
Tel. 615 05 14
slvovv@oba.nl

 **ELLESSY**
JEUGD

Inhoudsopgave

Inleiding

Als je altijd hebt gedacht dat clowns alleen maar in circussen, op straat en in theaters werken, heb je je vergist. Al werken de meeste clowns wel in het circus, op straat of in theaters, er zijn ook veel clowns die daarbuiten werken. Denk maar aan clowns die naar kinderfeestjes gaan om de boel op stelten te zetten. Of aan clowns die naar verschillende soorten zorginstellingen gaan om daar contact te maken met kinderen om ze zo afleiding en plezier te bezorgen. Ze hoeven even niet aan hun ziekte of handicap te denken.

Over die laatste soort clowns gaat dit boekje: CliniClowns, mensen die goed naar kinderen kijken om te zien hoe ze hen het beste afleiding en plezier kunnen geven. Dat is namelijk voor iedereen anders. Terwijl de een dubbel ligt om een clown die de wereld voor kinderen voor even op een verrassende manier op z'n kop zet, kan er bij de ander soms niet eens een glimlachje af. CliniClowns zijn speciaal opgeleid om kinderen in ziekenhuizen even hun nare situatie te doen vergeten. Ook spelen de clowns in *revalidatie*centra, *kinderhospices*, instellingen voor *gehandicaptenzorg*, gezinsvervangende tehuizen (voor kinderen die niet bij hun ouders wonen) en soms ook bij langdurig zieke kinderen thuis. Bovendien zijn ze vaak aanwezig bij evenementen die CliniClowns organiseert voor zieke en gezonde kinderen samen.

In de loop van de ruim 15 jaar dat CliniClowns nu in Nederland bestaat, hebben al heel wat kinderen kennisgemaakt met de CliniClowns. Als je hen ernaar vraagt beginnen ze te glunderen. 'Daar heb ik heel veel aan gehad,' zei Marion, een meisje dat moest revalideren van een gebroken rug. Tijdens de lange en vaak moeizame oefeningen, kwam CliniClown Pepponi vaak langs. 'Door hem vergat ik voor even de pijn en kon ik weer lachen.'

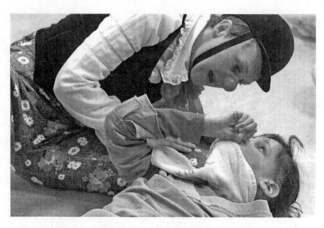

CliniClowns in een instelling voor
gehandicapte kinderen

CliniClowns kijken dus heel goed wat ze eraan kunnen doen om kinderen met een ziekte of handicap zich beter te laten voelen. Ze zorgen ervoor dat kinderen even de baas zijn over hun eigen situatie. Kortom: ze kunnen dankzij hen weer even kind zijn. Door mee te doen in het spel van de CliniClowns. Te genieten van een intiem moment. En spontaan te lachen. Want lachen is gezond. Je voelt je beter als je lacht dan als je niet lacht. Helaas hebben kinderen in ziekenhuizen en andere zorginstellingen niet zo vaak reden om te lachen. Ze hebben pijn of ze zijn bang, ze missen hun ouders en vriendjes. Ze moeten pillen slikken of ze krijgen een prik, soms moeten ze onderzoeken ondergaan die ze niet prettig vinden. Dokters, zusters en broeders zorgen heel goed voor kinderen: ze werken aan de gezondheid. CliniClowns zorgen op een andere manier heel goed voor kinderen: ze werken aan het gevoel van kinderen. Met fantasierijk spel brengen ze kinderen voor even in een andere werkelijkheid. En dit spel is ook heel belangrijk voor hun gezondheid.

CliniClowns zorgen er dus voor dat de kinderen even niet aan hun narigheid denken. Ze kijken goed wat ieder kind op dat moment nodig heeft en spelen daarop in. En wil een kind iets niet? Dan hebben ze daar respect voor. CliniClowns zijn dus geen 'domme lolbroeken', ze werken heel voorzichtig en vol aandacht voor elk kind afzonderlijk.

1. Hoe het allemaal begon (Geschiedenis)

Als er heel vroeger iemand ziek was, deden de mensen daar vaak heel ernstig over. Dat is niet raar omdat er vroeger heel vaak mensen doodgingen als ze ziek waren. Dat kwam doordat de dokters nog lang niet zo knap waren als nu. Er waren nog geen ziekenhuizen en er was nog niet zoveel ingewikkelde *apparatuur.*
In de eerste ziekenhuizen die werden opgericht, werden alleen mensen opgenomen die heel ernstig ziek waren. Dat vond iedereen dan heel erg. Over en tegen zieke mensen mocht je geen grapjes maken. Dat vond men niet gepast, dat was niet netjes. Als je lachte, liet je zien dat je het niet heel erg vond dat iemand in het ziekenhuis lag en dat was een ernstige belediging. Dus deed iedereen heel serieus tegen elkaar in ziekenhuizen.

Op een gegeven moment veranderde dat hele serieuze in ziekenhuizen. Dat gebeurde niet van de ene dag op de andere, het sloop er langzaam in. Dat kwam zo:
Er was in Amerika eens een ziek kind dat veel pijn had. De dokter kwam langs en ook al zag hij dat het kind heel veel pijn had, toch maakte hij een grapje. Gewoon omdat hij voelde dat hij dat moest doen. Het kind lachte en de dokter was blij.
De volgende dag toen de dokter weer bij het kind kwam kijken, maakte hij weer een grapje en weer lachte het kind en weer waren de dokter en het kind blij.
Dat ging zo een paar dagen door en toen ontdekte de dokter dat het kind minder ziek was. De dokter ontdekte dat het kind niet alleen beter werd door de medicijnen die hij kreeg, maar ook door het plezier dat ze samen hadden. Het kind werd dus ook beter door de liefde en de aandacht die het van de dokter kreeg.
'Het zou beter zijn als alle dokters losser en aardiger deden,'

dacht deze dokter. 'Ze moeten grapjes maken met hun patiënten.' Hij maakte steeds meer grapjes met zijn patiënten. 'Weet je
wat,' dacht de dokter op een goede dag, 'ik trek clownskleren
aan. Daar worden mijn patiënten vast vrolijk van. Dan laat ik ze
zien dat ze vrolijk mógen zijn, dat ze mógen lachen. Dan hoeven
ze zich niet te schamen als ze plezier hebben. Dan geef ik ze het
gevoel dat ze ook méér zijn dan alleen maar een zieke.'
De dokter voerde zijn plan uit en omdat hij zag dat het zijn
patiënten goed deed, is hij zijn werk in clownskleren blijven
doen. En is hij altijd doorgegaan met grapjes maken met zijn
patiënten. Deze dokter heette Patch Adams.

Patch Adams

In 1985 lag er iemand in Amerika in een ziekenhuis die vaak
bezoek kreeg van zijn broer Michael Christensen. De artsen ont-
dekten dat Michael clown van beroep was, bij het Big Apple
Circus in New York. 'Beste Michael,' zeiden de dokters, 'wil jij
misschien een keer voor de zieke kinderen spelen?'
Michael dacht er niet eens over na en zei meteen ja. Hij ging
naar de kinderzaal in het Baby's & Children Hospiyal of
Columbia Presbyterian Medical Centre en daar gaf hij een voorstelling. Zijn bezoek was een groot succes omdat de kinderen
even vergaten dat ze ziek waren. Even voelden ze geen pijn,

waren ze niet bang en waren ze niet meer verdrietig. Even konden ze weer gewoon kind zijn.
'Dat is mooi,' dacht Michael, 'dat kunnen we gebruiken.' Hij ging naar huis en dacht diep na. 'We moeten ervoor zorgen dat er clowns naar ziekenhuizen toegaan om kinderen plezier te geven.' Hij verzon een naam: 'Clown Care Unit'. Dat betekent 'zorgende clown eenheid.' Hij maakte er een club van die ervoor moest zorgen dat kinderen in Amerikaanse ziekenhuizen clowns op bezoek krijgen. Hij was heel trots dat hem dat lukte en de kinderen in de ziekenhuizen waren er erg blij mee.

Het idee van clowns in een ziekenhuis is in Amerika dus op verschillende plaatsen tegelijk ontstaan.
Er was ook een professor, een zekere dokter Michael Katz, die hoofd was van de kinderkliniek van het Presbyterian Hospital in New York. Hij bedacht dat clowns kinderen zouden kunnen helpen om zware therapieën beter te doorstaan. Hij zorgde ervoor dat clowns speciaal werden opgeleid om in ziekenhuizen te werken en op bezoek te gaan op kinderafdelingen.
De kinderen waren daar blij mee, omdat de sfeer in het ziekenhuis verbeterde. Zowel kinderen als personeel ontspanden zich en iedereen werkte veel prettiger met elkaar. Dat was goed voor de gezondheid van de kinderen. En ook voor die van het personeel.

Op een gegeven moment bezocht een Oostenrijks-Belgische prinses - Stefanie von Windisch-Graetz - ziekenhuizen in Amerika. Ze raakte diep onder de indruk van wat zij daar op kinderafdelingen zag gebeuren: clowns die grappen uithaalden, waardoor kinderen begonnen te lachen. De prinses zag onrustige kinderen kalm worden en onzekere kinderen die even vergaten dat ze eigenlijk iets niet durfden. 'Dat wil ik ook,' dacht de prinses en ze begon een rondreis in Europa om mensen over de clowns in de ziekenhuizen te vertellen.
Het idee van clowns voor kinderen in ziekenhuizen sloeg aan in

Europa. De eerste stad waar CliniClowns aan de slag gingen was Wenen, de hoofdstad van Oostenrijk. Dit gebeurde onder leiding van professor dokter R. Urbanek bij de kindergeneeskundige afdeling in het Allgemeines Krankenhaus. Het jaar daarna kwamen er clowns in Belgische ziekenhuizen, onder leiding van professor H.L. Vis in ziekenhuis Reine Fabiola.

Daarna kwamen er clowns in Nederlandse ziekenhuizen, dankzij intensieve samenwerking van professor P.A. Voûte, hoofd van de afdeling kinder*oncologie* van het Emma Kinderziekenhuis / het Kinder Algemeen Medisch Centrum in Amsterdam en onder andere Josée Verwater, Lorine Schortinghuis en Pieter Sluis. Ze vonden het een prachtige combinatie: vriendschap en geneeskunde. Ze zagen dat het goed werkte, de kinderen voelden zich vaak beter als er iemand was met wie ze konden lachen. Zij deden in Nederland hetzelfde als wat Michael Christensen in Amerika had gedaan. In september 1992 richtten zij een club op die zich sterk maakte om voor plezier en afleiding te zorgen voor kinderen in ziekenhuizen. De naam van die club? Stichting CliniClowns Nederland!

Stichting CliniClowns Nederland

Het doel van Stichting CliniClowns is om zoveel mogelijk kinderen in moeilijke situaties momenten van gezonde afleiding en plezier te bieden. Dat lukt onder andere door contact met speciaal hiervoor opgeleide clowns in zoveel mogelijk ziekenhuizen en andere zorginstellingen, en ook thuis of via internet (www.neuzenroode.nl). Maar ook door het organiseren van evenementen voor zieke kinderen (bijvoorbeeld een popconcert) of een muzikale theatervoorstelling (de Theatertour) voor kinderen met een ernstige meervoudige handicap. Of met een dvd of een speciale Speelkoffer in ziekenhuizen voor momenten dat er geen clowns zijn. Zo blijft CliniClowns telkens naar nieuwe manieren

zoeken om kinderen afleiding en plezier te geven.
Stichting CliniClowns begon klein, en is in de loop van de jaren
uitgegroeid tot een organisatie met bijna 70 professionele
clowns. Ze spelen in tweetallen, maar ook heel vaak alleen.

De CliniClowns komen iedere week op een vaste tijd in hetzelfde ziekenhuis bij kinderen op bezoek. Kijk eens op www.clini-
clowns.nl voor een ziekenhuis bij jou in de buurt.

CliniClowns in een ziekenhuis

Ontwikkeling van Stichting CliniClowns in Nederland

1992	Oprichting Stichting CliniClowns Nederland
1993	Start eerste CliniClownsduo op de afdeling Oncologie van het Emma Kinderziekenhuis AMC
1993	Ook CliniClowns in Radboud Ziekenhuis Nijmegen, Ziekenhuis de Heel in Zaandam en het Brandwondencentrum in Beverwijk
1997	CliniClowns breidt uit naar streekziekenhuizen
1998	Start CliniClownsopleiding volgens de CliniClowns-aanpak®
2000	Start *pilotprojecten* in instellingen voor *gehandicapte* en *revaliderende* kinderen
2001	CliniClowns speelt nu in heel Nederland (landelijke dek king)
2002	CliniClowns werken in april in het 100^e ziekenhuis: Ziekenhuis Rivierenland in Tiel
2003	Start spelen voor kinderen thuis CliniClowns viert haar 11^e verjaardag
2005	Introductie van de nieuwe dienst www.neuzenroode.nl, de clowneske wereld op internet
2005	Start spelen in *kinderhospices*
2006	CliniClowns Nederland ontwikkelt een theatertour voor kinderen met een ernstige meervoudige *handicap*
2007	De CliniClowns zijn alweer 15 jaar op weg.

Het werk van CliniClowns in ziekenhuizen en andere zorginstellingen, www.neuzenroode.nl en bij zieke kinderen thuis is een echt beroep. CliniClowns zijn vaklieden, ze zijn goed opgeleid en ze zorgen ervoor dat ze door andere goed opgeleide mensen ondersteund worden zodat ze hun werk zo lang en zo goed mogelijk kunnen blijven doen.

2. Waarom er CliniClowns zijn

CliniClowns willen kinderen met een ziekte of handicap afleiding en plezier geven zodat ze even kunnen vergeten dat ze ziek zijn.
Ze werken op verschillende plekken met kinderen:
- **in ziekenhuizen en andere zorginstellingen;**
- **via de computer (internet) en de webcam (www.neuzenroode.nl) bij kinderen thuis;**
- **bij thuisbezoeken;**
- **bij evenementen (speciale gebeurtenissen)**
- **met een muzikale theatervoorstelling (op locatie).**

Een voorbeeld

Jacqueline is 5 jaar. Ze speelt dat ze een paard is en galoppeert door de kamer. Door een botsing met de tafel krijgt ze heet water over zich heen. Nu ligt Jacqueline in een brandwondencentrum.
Jacqueline is verdrietig, ze wil naar huis, naar haar eigen bed en ze wil dat haar moeder haar iedere avond instopt. Dan wordt er op haar deur geklopt. Jacqueline kijkt op. De CliniClowns! Een klein lachje kruipt over haar gezicht. Blij kijken de CliniClowns elkaar aan. Een glimlach van Jacqueline! Ze is dus even afgeleid. En dat is precies wat ze willen, daarvoor zijn ze hier!

Doelgroepen

Natuurlijk moet je voorzichtig zijn met zieke kinderen. Maar dat wil zeker niet zeggen dat ze nooit mogen lachen. CliniClowns zijn blij als ze kinderen blij kunnen maken, dat is hun beroep. Ze weten dat kinderen zich beter voelen als ze blij zijn en kunnen lachen, en dat is goed voor hun gezondheid. CliniClowns willen voor zoveel mogelijk kinderen spelen. Voor zieke kinderen, maar ook voor kinderen met een lichamelijke en/of geestelijke handicap. En voor kinderen in moeilijke omstandigheden, zoals kinderen in een *kinderhospice* of een *revalidatie*centrum.

Gebruik je fantasie

CliniClowns werken dus voor kinderen die het moeilijk hebben. Die niet net zo kunnen leven als gezonde kinderen. CliniClowns proberen die kinderen weer even te laten genieten, om ze even te laten vergeten wat er met ze aan de hand is. Ze maken grappen, improviseren met wat er op dat moment in hun buurt is en zingen liedjes waarop ze dansen. En als de kinderen dat willen en kunnen, zingen en dansen ze gewoon mee.

'Alle kinderen hebben fantasie,' weten de mensen van CliniClowns, 'en daar doen wij wat mee. Wij gaan mee in de fantasie van de kinderen. Wij verzinnen samen met hen leuke en plezierige dingen. Zo keren we de echte wereld (werkelijkheid) vaak om, maar verliezen we die niet het oog. Zo kan het bed bijvoorbeeld een race-auto worden, maar moet het tegelijkertijd de veilige omgeving van het kind blijven. Het kind waant zich dan voor even autocoureur.'

De meerwaarde van de CliniClowns

De mensen die Stichting CliniClowns Nederland kennen vinden dat de CliniClowns goed werk doen. Dat zeggen ze als je ernaar vraagt. Je kunt het ook aan de kinderen merken, want:
• kinderen kijken erg uit naar de afleiding die de clowns bieden; ze genieten van de voorbeleving, van het moment zelf én van de effecten erna;
• kinderen kunnen hun gevoelens en emoties kwijt in het spel met de clowns;
• kinderen voelen zich beter doordat ze het gevoel hebben dat zij de baas zijn over het spel en de clowns;

- kinderen krijgen een band met de clowns;
- ouders en kinderen kunnen samen iets fijns meemaken;
- dankzij de aanwezigheid van de clowns ontstaat er vaak een prettigere sfeer op de afdeling.

Met CliniClowns in de buurt ziet het ziekenhuisleven er dus anders uit. De CliniClowns zeggen zelf: 'We spelen aan de gezonde kant van het kind'. Dat betekent dat ze niet kijken naar wat het kind niet kan, maar naar wat het wél kan. En omdat elk kind fantasie heeft, is dat heel veel! En spel doet goed, want daardoor kun je je gezond ontwikkelen. Door in dat spel mee te gaan, helpen de clowns de kinderen om hun moeilijkheden een plaats te geven. CliniClowns mogen gekheid uithalen, dat hoort bij de rol die ze spelen. Kinderen genieten van het gedrag van CliniClowns omdat het speels en onverwacht is.

Twee CliniClowns komen de kamer van Liesbeth binnen. Ze kijkt verdrietig. Haar bed ligt lang niet zo lekker als haar eigen bed thuis. De clowns weten wel waarom. Ze is een prinses en er ligt een erwt onder haar matras. En ja, iedereen weet dat prinsesjes dan slecht slapen. Omzichtig wordt de denkbeeldige erwt weggehaald en Liesbeth krijgt even een echte prinsessenbehandeling van de clowns. Als de clowns weer weggaan, slaapt ze in een heerlijk bed. In haar eigen droomkasteel.

Kinderen die in het ziekenhuis of een zorginstelling liggen, zijn vaak een beetje bang of onzeker. Het is voor hen een nieuwe omgeving en ze weten vaak niet precies wat er allemaal om hen heen gebeurt. Ze zijn weg uit hun vertrouwde thuisomgeving en kennen de mensen die voor ze zorgen niet zo goed. Ze kunnen vaak niet naar school en zien hun vriendjes en vriendinnetjes niet. Soms alleen tijdens het bezoekuur. En hun familie heeft misschien geen tijd om elke dag langs te komen. De kinderen gaan zich vervelen en hebben afleiding nodig om niet de hele dag aan hun ziek-zijn te hoeven denken. Natuurlijk zijn er in ziekenhuizen en andere zorginstellingen mensen die de kinderen goed proberen op te vangen. Er zijn onder andere *pedagogisch* medewerkers, *orthopedagogen* en spelleidsters. Zij helpen de kinderen (en soms ook hun ouders) door spel, met schoolwerk (in overleg met een ziekenhuisschool of de eigen school van kinderen), gesprekken en informatie. In sommige ziekenhuizen is ziekenhuistelevisie en -radio om de patiënten af te leiden. Maar ondanks al die goede zorgen hebben kinderen veel behoefte aan andere momenten van afleiding en plezier. En daar zijn de CliniClowns voor.

'Wat wij doen voor zieke kinderen,' zeggen CliniClowns, 'is ze weer even de baas over hun eigen leven laten zijn. Maar in het spel houden wij wel de regie. Dat is ons vak.'
CliniClowns vragen aan kinderen of ze bij hen op bezoek mogen komen. Kinderen die dat niet willen, worden niet bezocht. Om het goed te doen voor kinderen die graag willen dat de clowns langs komen, overleggen de clowns met de *pedagogisch* medewerker. Van hem of haar horen de clowns hoe het gaat met het kind. Die informatie is heel belangrijk voor de clowns. Zo kunnen ze rekening houden met de situatie van het kind. Maar met de ziekte zelf doen ze niks, want het gaat hem om wat het kind wel kan: de gezonde kant van het kind dus.

Bas weet pas sinds kort dat hij erg ziek is. Zijn moeder vraagt of clown Jep een bezoekje wil brengen. Onder streng toezicht van de moeder moet Jep zijn handen wassen en een jas aantrekken. Omdat dit voor Jep makkelijker gezegd dan gedaan is heeft Bas de tijd om aan Jep te wennen. Vol verwachting kijkt Bas Jep aan en... vol verwachting kijkt Jep terug. Er ontstaat een prettige sfeer die niet lang genoeg kan duren. Totdat de moeder van Bas zegt:

'Als hij maar niet gaat zingen.' Natuurlijk komt Jep
een liedje zingen. Uiteindelijk galmt iedereen uit
volle borst 'Glooooooriaaa in excelsis deeeeooooo.'
Kortom een groot feest.

Doorbreken van isolement

Sommige kinderen sluiten zich helemaal af voor hun omgeving.
Ze willen niets meer omdat ze overal genoeg van hebben. Ze
willen niet ziek zijn, ze willen niet in een ziekenhuis of andere
zorginstelling hoeven zijn. Ze willen geen dokters zien, geen
verpleging, geen verzorgsters en geen clowns.
Toch zien ze de clowns. Die zijn bij andere kinderen aan het
werk. Ze laten kinderen die even daarvoor nog somber waren,
lachen. Dat werkt aanstekelijk en vaak willen kinderen die zich
afsluiten na verloop van tijd toch dat de CliniClowns ook bij hen
op bezoek komen. Dat is goed, omdat ze op die manier hun *iso-*
lement doorbreken. Door contact te maken met de clowns voelen
kinderen zich beter. De CliniClowns geven de kinderen een fijn
gevoel, de kinderen hebben over sommige dingen weer iets te
vertellen.

Een voorbeeld uit het werk van twee CliniClowns

Twee CliniClowns gaan op bezoek bij kinderen in
een ziekenhuis. 'Honger, honger!' roepen ze als ze
de zaal op lopen. De kinderen hebben juist gegeten.
'Hebben jullie dan niets voor ons over gelaten?'
vraagt de ene clown met een grote frons.
De kinderen schudden hun hoofd.
'Eet maar een patatje,' roept Sjoerd.
'Patatje?' herhalen de clowns. Ze kijken om zich
heen. Ze rennen naar de bedden van de kinderen en
ze kijken eronder. 'Patatje, Patatje!' roepen ze alsof

ze een hond roepen. Een paar kinderen beginnen te lachen en mee te doen.
'Patatje speciaal!' roept Sjoerd en binnen de kortste keren doen de clowns alsof de zaal een snackbar is geworden met Sjoerd als superpatatbakker.
Spuugbakjes veranderen in frietbakjes, spatels worden vorkjes en de zeepautomaat pompt toefjes mayonaise te voorschijn.
De kinderen vermaken zich kostelijk en met een tevreden gevoel en een volle buik verlaten de CliniClowns even later de zaal. Zachtjes doen ze de deur achter zich dicht.

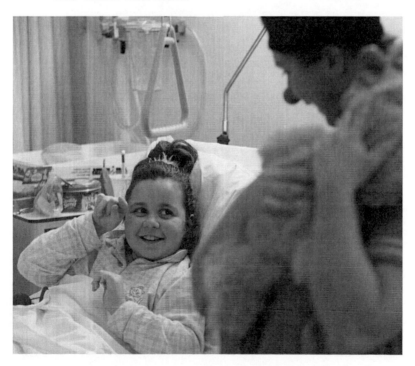

Soumia geniet van het bezoek van de CliniClowns

Nog een voorbeeld uit het werk van een CliniClown

Puk is CliniClown en werkt onder andere voor www.neuzen-roode.nl. Ze heeft contact via de webcam met Nicky (7 jaar).

Nicky vertelt dat haar ouders een bakkerswinkel gaan beginnen. 'Joepie!' juicht Puk, 'maar hebben ze wel appelflappen?' Nicky zegt van ja en geeft Puk een boodschappenlijstje, zodat ze de volgende keer Puk appelflappen kan leren bakken. Helaas begrijpt Puk het allemaal niet zo goed. En dus heeft ze een kameel in plaats van kaneel en een kip in plaats van een ei. Puk laat een plaatje van een kameel zien en vlak voor de camera ziet die er ook heel echt uit. Als alle misverstanden zijn opgelost, kan het bakken beginnen. Natuurlijk wordt het een puinhoop. Vooral als blijkt dat Puk geen strooisui-ker heeft, maar klontjes. De appelflap wordt een raar soort bol. Ten slotte verzucht Nicky: 'Dit wordt niks. Koop die appelflappen maar bij ons!'

3. CliniClown worden

Je kunt niet zomaar CliniClown worden. Je *solliciteert*
naar de baan van CliniClown, zoals dat ook voor
ander werk moet.
Je kunt *solliciteren* op de baan als CliniClown als je
kunt aantonen dat je veel clownservaring hebt. Maar
dat alleen is niet voldoende. Je maakt nog meer kans
als je al eerder met kinderen hebt gewerkt.
Om clown te worden, moet je een clownsopleiding
doen. Onder andere om te leren hoe je makkelijk van
rol kunt wisselen. Dat is nodig omdat een CliniClown
zich heel goed in zieke kinderen moet kunnen ver-
plaatsen. Ieder kind is weer anders, dus moet je op
heel veel verschillende manieren kunnen denken en
voelen.

Naast clownsopleiding(en) en clownservaring wordt er tijdens
de auditie ook gelet op:
• welk type clown ben je of kun je worden (clownspersonage);
• op welke manier maak je contact;
• hoe ben je in het samenspel;
• hoe is je improvisatievermogen.

Medische of *pedagogische* kennis en ervaring is mooi meegeno-
men.
CliniClowns Nederland leidt haar clowns op in een eigen opleiding. Tijdens de opleiding is er aandacht voor omgaan met de
praktijk (hoe het in het echt gaat), hoe je omgaat met het feit dat
alles altijd voor iedereen anders is én met het oefenen van de
specifieke CliniClowns-aanpak® (de speciale manier waarop
CliniClowns in ziekenhuizen, zorginstellingen en bij kinderen
thuis werken).
Die opleiding is het begin van het CliniClownswerk. Om in zie-

kenhuizen en andere zorginstellingen te kunnen werken, krijgen
ze ook les van ervaren clowns. CliniClowns Nederland werkt op
deze manier, omdat ze er zeker van is dat het clownswerk een
belangrijke rol speelt voor de gezondheid en het zich fijn voelen
van zieke en gehandicapte kinderen. De clowns worden - ook als
ze eenmaal echt aan het werk zijn - allemaal gecoached. Want
een vak moet je goed bijhouden!

Niels is het helemaal eens met CliniClown Gigi

De CliniClowns houden van kinderen. Logisch, want anders
maak je er ook niet je vak van. Het is een betaald beroep. Naast
hulp aan kinderen, vinden CliniClowns het ook fijn wanneer ze

ook de ouders van kinderen een beetje kunnen helpen. Ze weten bijvoorbeeld dat ze dat hebben gedaan als ze worden bedankt door een vader die zegt dat het minstens een week geleden is dat hij zijn zoontje heeft zien lachen. 'Ik had nooit gedacht dat dát het effect van jullie aanpak zou zijn. Ik weet nu ook beter hoe ik op een andere manier met mijn ventje om kan gaan.'

CliniClowns weten dat de kinderen voor en met wie ze spelen ziek zijn, maar daar staan ze niet voortdurend bij stil. Als ze dat wel zouden doen, zouden ze niet meer met de kinderen kunnen werken.

Judith is twee jaar. Ze ligt in een box. Omdat de clowns Oepke en Jojo nog niet naar binnen mogen, beginnen ze alvast de ramen van de box schoon te maken. Het is stil spel achter het glas. Maar Judith is al geboeid. Mogen ze verder komen? De clowns doen het stapje voor stapje. Dus duwen ze eerst de plumeau door de deur en floep... weer weg. De deur gaat centimeter voor centimeter verder open. Alle tijd voor Judith om aan het bezoek te wennen. Omdat de clowns merken dat Judith afwachtend blijft, concentreren ze zich op het schoonmaken. Alles krijgt een beurt: het bed, de apparatuur, de binnenkant van het glas. Vanuit hun ooghoeken zien ze hoe Judith staat te genieten.

4. Hoe CliniClowns werken

Een prins, ballonnen en een clownsneus

Boem en Luce, twee CliniClowns, hebben in de krant gelezen dat er een bijzonder kind in het zie- kenhuis ligt. Niet zomaar een kind: een prins met ballonnen aan zijn bed. Haytam (3 jaar) gaat direct mee in dit fantasierijke spel. Hij ziet de ballonnen helemaal voor zich. Het wordt nog gekker als Boem kleurige doekjes pakt en daar een clowns-neus uit te voorschijn tovert. En dus is Haytam niet alleen prins, maar ook een clown. Hij doet dat graag voor. Zo geniet niet alleen hij van het spel, maar ook de andere kinderen op de afdeling vermaken zich.

Wat hebben CliniClowns bij zich

De meeste CliniClowns hebben een tasje bij zich of iets in hun zak, waarin ze allerlei spullen stoppen die ze tijdens hun spel kunnen gebruiken. Iedere clown heeft andere spullen bij zich. Dit kan een clown allemaal bij zich hebben:
• ballonnen;
• rode neuzen;
• knuffel;
• vingerpopje;
• muziekinstrumenten (bijvoorbeeld een mondharmonica);
• flesje bellenblaas.

Voorbereiding

CliniClowns bereiden hun werk goed voor. Ze weten van tevo- ren meestal niet wat ze gaan doen omdat ze altijd inspelen op de situatie en wensen van het kind. Wat ze wel kunnen doen, is afspreken waar hun spel over zal gaan. Ze kunnen het bijvoorbeeld tijdens het spel over vliegen hebben, of over vliegeren op de hei. Dat ze zullen doen alsof het ziekenhuis een vliegtuig is, of misschien zelfs een onderzeeboot. Met de paar spullen die ze hebben of ze om zich heen zien, 'toveren' ze die fantasiewereld te voorschijn.

Of ze doen in de zomer, als het heel heet is, alsof ze willen gaan zwemmen. Dan komen de CliniClowns radeloos de zaal op omdat ze niet weten hoe dat moet. Dan gaan ze dat aan alle kinderen vragen. Omdat ieder kind het net een beetje anders zegt, raken de clowns al meer en meer in de war en ze weten steeds minder wat zwemmen nou eigenlijk is.

Een CliniClown aan het woord

'Wat dit werk zo moeilijk maakt,' vertelt een CliniClown 'is dat je je niet heel goed kunt voorbereiden. Het grootste deel van wat je doet, verzin je ter plekke, je reageert op wat zich op dat moment afspeelt. Dat is moeilijk omdat je de hele tijd goed op moet letten op hoe kinderen naar je kijken en hoe ze zich gedragen. Daaraan kun je een beetje zien hoe ze zich voelen. De meeste CliniClowns hebben zoveel clownservaring dat ze heel goed spontaan kunnen spelen. Wat ook moeilijk is aan dit vak, is dat je weet dat sommige kinderen met wie je speelt niet meer beter zullen worden.

Ik werk graag met een andere CliniClown samen. Dat is prettig omdat dan niet alle aandacht naar het kind hoeft te gaan. Het kind kan zich terugtrekken als het wil, en stilletjes genieten. Het kan ook meedoen en samen met ons rare streken uithalen. Het hoeft nooit van ons, dat mag het kind zelf weten. Als het tevreden is en er gelukkig van wordt om ons te zien stoethaspelen, is dat ook goed voor ons. Het kind is namelijk de baas, niet wij. Dat betekent dus dat het kind zelf bepaalt of het meedoet aan ons spel of niet.'

Een CliniClown heeft altijd een rode neus

CliniClowns dragen allemaal een rode clownsneus. Als ze die opzetten, zijn ze CliniClown. Ze roepen daarmee een andere wereld op: de wereld van de fantasie. Neus af? Dan zijn ze weer gewoon wie ze echt zijn.
CliniClowns gebruiken weinig of geen schmink omdat ze contact maken door de clown vanuit zichzelf te spelen. Het is ook niet nodig om veel schmink te gebruiken, omdat ze herkenbaar zijn aan andere dingen, zoals de rode neus en hun kleding.
Verder zorgen CliniClowns dat kinderen ze makkelijk herkennen doordat ze op een speciale manier lachen of muziek maken met hun stem.

Samenwerking of solo

Iedere CliniClown werkt alleen of met een vast maatje. Clowns die samenwerken raken meer en meer aan elkaar gewend. Daardoor kunnen ze steeds makkelijker samenspelen, ze snappen elkaar makkelijker en voelen beter aan wat de ander bedoelt als hij een grap maakt of als hij iets van plan is. Hun spel verloopt steeds soepeler.

CliniClowns werken eigenlijk niet alleen voor de kinderen, ze werken ook voor de ouders. Omdat ze de kinderen vrolijk maken, zorgen ze ervoor dat de ouders zich ook even kunnen ontspannen. Ouders genieten ervan als hun kind plezier heeft en daarom stimuleren ze de clowns om door te gaan.
Soms spelen ouders, net als de verpleging, mee met de clowns. Dat is voor de kinderen helemaal een feest: clowns aan je bed en je ouders die met je meespelen.

Het begint met contact maken
Contact maken met kinderen en je kunnen inleven! Dat moeten CliniClowns als geen ander kunnen. Ze houden daarbij natuurlijk ook rekening met de leeftijd van een kind. Een jongen van

twee vindt nou eenmaal andere dingen leuk dan een meisje van 17. Jongens lachen om andere dingen dan meisjes, enzovoort. Heel kleine kinderen zijn nog weleens bang voor clowns die heel gek doen, omdat ze niet altijd snappen dat het een spelletje is. Dan zijn de clowns extra voorzichtig. Ze neuriën bijvoorbeeld een bekend kinderliedje en ze aaien een knuffelbeest, wat heel vaak een eerste aarzelende glimlach oplevert. Dan weet de clown dat hij verder kan gaan.

Nicole is negen jaar en ligt in het ziekenhuis. Helemaal weggedoken in haar bed, want ze krijgt die middag een grote operatie. Dan komen CliniClowns Toef en Blos op haar kamer. Ze zien alleen wat haar en een paar ogen boven de dekens uitsteken. Ze willen contact, maar hoe? Op de grond ligt een stoffig propje. Dat is het begin van een fantasierijk spel. Want wat is het en van wie? En waar komt het vandaan? Nicole komt langzaam onder haar dekens vandaan en mengt zich in het spel. Ook haar moeder doet mee en zegt: 'Dat komt uit mijn neus!' Meteen zit Nicole rechtop in haar bed. Ze vindt de clowns maar dom. Het moet gewoon in de prullenbak. Ze komt er zelfs haar bed voor uit om de clowns te helpen. Kamer uit en de gang op. Het effect? Blij en totaal vergeten waarom ze in het ziekenhuis ligt.

Het spel duurt bij het ene kind langer dan bij het andere. Dat kan verschillen van een paar minuten tot een kwartier. Het is maar net wat een kind nodig heeft of op welke manier het kind meegaat in het spel.

Als kinderen te ziek zijn om te reageren of als ze geen zin hebben, schuifelen de clowns zachtjes de kamer weer uit. Pas als ze zien dat een kind zich er goed genoeg voor voelt, beginnen ze met hun spel. Als ze niet mogen spelen, worden de clowns nooit boos, omdat ze begrijpen dat ze beter een andere keer terug kunnen komen, als het kind zich beter voelt.

Als de CliniClowns weer weg zijn

Als een kind tijdens een spel weg moet, bijvoorbeeld voor een *röntgenfoto*, breken de CliniClowns het spel af met de belofte om het later af te maken. Goed om te weten dat CliniClowns nooit helpen bij medische handelingen of onderzoeken.
Na het spelen vertellen de CliniClowns aan de *pedagogisch* medewerker wat hen tijdens hun spel bij de kinderen is opgevallen. Ze vertellen of een kind erg opgewonden werd door iets, of dat het juist heel stil was en zich terugtrok. Dat praten over de kinderen is om hen beter te kunnen helpen. Verschillende mensen zien verschillende dingen en door te vertellen hoe zij de kinderen zien, helpen de clowns de verpleging om hun werk nog beter te doen.
Het effect van het bezoek van een CliniClown werkt vaak nog lang na bij kinderen. Ze werken langer door dan ze duren. De kinderen hebben het erover met hun ouders of met ander bezoek. Soms verbazen de CliniClowns zich er zelf ook over. Zo staan CliniClowns Nop en Neel - zonder rode neus op - in de lift van het ziekenhuis en maken daar contact met een mevrouw met het syndroom van Down. Een stoere jongen, met dito pet en kapsel, kijkt hen aan en zegt: 'Jullie zijn die clowns hè, die zeven jaar geleden bij mij geweest zijn. Met dat muisje op jullie vinger!' De jongen is nu zeventien. Als hij de lift verlaat, zegt hij: 'Daar heb ik veel aan gehad!'

CliniClowns doet meer

www.neuzenroode.nl
De CliniClowns spelen niet alleen in ziekenhuizen en andere zorginstellingen. Een heel bijzondere manier van afleiding en plezier brengen is via www.neuzenroode.nl. Daarover lees je nu meer.

Marjolein en CliniClown Flip webcammen met
elkaar via Neuzenroode.nl

Als kinderen 25 jaar geleden in het ziekenhuis terechtkwamen, bleven ze daar gemiddeld ruim twee weken. Nu is dat nog maar één week. Ook *chronisch* zieke kinderen blijven steeds korter in het ziekenhuis en mogen steeds eerder naar huis. Er zijn ongeveer tienduizenden kinderen ziek thuis. Ook voor die kinderen wil CliniClowns iets betekenen.

CliniClowns zoeken af en toe ook zieke kinderen thuis op. Maar helaas kunnen de CliniClowns niet bij al die kinderen op bezoek gaan, het zijn er teveel. Om toch iets voor de kinderen thuis te doen, hebben mensen goed nagedacht over hoe ze dat probleem konden oplossen. Het antwoord was internet: door contact met CliniClowns via de webcam kunnen ze heel veel kinderen tegelijkertijd afleiding en plezier geven. Nog een voordeel is dat de clowns niet gebonden zijn aan tijden en aan een bepaalde plaats. En het voordeel voor kinderen is dat zij op het moment dat zíj er

behoefte aan hebben afleiding en plezier kunnen krijgen.
Stichting CliniClowns heeft dus een *virtuele* wereld bedacht:
www.neuzenroode.nl.

Bij deze bijzondere site hoort een fantasieverhaal. Neuzenroode
is namelijk de naam van een landgoed met een villa die freule
Stoeth tot Strompelvoort aan de CliniClowns gegeven heeft. In
deze Villa wonen de CliniClowns die bij www.neuzenroode.nl
horen. Neuzenroode is een *virtuele* wereld waar van alles te beleven is. Voor jonge kinderen, maar ook voor oudere (4-18 jaar).
In de wereld van www.neuzenroode.nl kunnen kinderen en jon-
geren:
• webcammen met de CliniClowns;
• andere zieke kinderen ontmoeten en met ze chatten;
• online krant met het laatste nieuws over Neuzenroode, evenementen, etc. lezen;
• theater met live-voorstellingen;
• muziekkanalen waar kinderen muziek kunnen luisteren;
• films bekijken in de bioscoop;
• (live) reportages van evenementen;
• bijzondere spelletjes spelen;
• e-cards versturen in de kaartenkeet;
• diverse doe-activiteiten zoals de knutselclub van Puk.

Riska (CliniClown Toef) zegt hierover: 'We dagen de kinderen
met onze theatervoorstelling elke week uit om met ons mee te
denken. Laatst speelden we dat we op een onbewoond eiland
zaten, met alleen een palmboom erop. Opeens riep een van de
kinderen: "Kijk uit, een haai!" Wij natuurlijk in paniek: "Wat
moeten we doen?" Krijgen we als antwoord: "Klim in de
boom!" Dat moet je natuurlijk niet zeggen tegen een stelletje
clowns, want dan is het meteen een zootje. De palmboom in
onze theaterstudio viel om en zorgde – tot groot plezier van de
kinderen – voor grote schade. Met een paar simpele decorstuk-
ken breng je kinderen snel in een fantasiewereld waarin ze zich
volledig kunnen laten gaan.'

CliniClowns-evenementen

CliniClowns nodigt kinderen ook uit om naar cliniclowneske evenementen te komen. Kinderen ontmoeten daar andere kinderen met een ziekte of handicap en/of hun clowns. Voorbeelden van evenementen zijn:

Het Kindergala: De CliniClowns leggen dan de rode loper uit voor 300 zieke kinderen. Ze genieten samen met hun ouders/verzorgers, broers en zussen van een swingend gala waar ze ook de clowns kunnen ontmoeten. In 2006 bijvoorbeeld waren er optredens van onder andere Raffaëlla, Topstars, finalisten van het AVRO Junior Songfestival, Bo & Monica en Yes-R.
TV-première van de tv-serie.
Pop4Kids on tour: Samen met hun ouders, broertjes en zusjes genieten kinderen met een ziekte of handicap van hun favoriete popartiesten. In 2006 waren er optredens van onder andere Jim, Topstars, Djumbo, Gio en Jewelsz And Spikesz.

Tijdens evenementen worden zieke kinderen door de CliniClowns in het zonnetje gezet

Kliniek Koks: Een CliniClowns Kerstfeest in het Sophia Kinderziekenhuis. Voor 50 zieke kinderen met hun gezinnen. Lekker samen zingen met onder andere CliniClowns Pepponi, Moon en Billy. Daarna koken alle kinderen met de Kliniek Koks.

Piratendag en Sprookjesdag met Stichting De Opkikker: CliniClowns werkt ook samen met andere organisaties. Zoals met de Stichting De Opkikker. In 2006 waren er een 'Piratendag' en een 'Sprookjesdag'. Beide voor ruim 50 kinderen en hun gezinnen.

CliniClowns Theatertour
De CliniClowns spelen ook in een aantal instellingen voor kinderen met een ernstig meervoudige handicap. Die kinderen leven in een kleine wereld en hun vermogen om contact te maken met de omgeving is vaak zeer beperkt. Daardoor beleven ze maar weinig. Speciaal voor hen is de CliniClowns Theatertour ontwikkeld. Die was voor het eerst te zien in 2006. Bjina 2000 kinderen en hun gezinnen kwamen naar 'Het Zintuigenrijk': een feestelijke theatervoorstelling.
De Theatertour is voor kinderen en hun ouders een geweldige ervaring. Het is voor hen namelijk bijzonder moeilijk om samen een dagje uit te gaan. De meeste attracties hebben niet de juiste voorzieningen (zoals hoog-laag bedden en tilliften). Bovendien krijgen de kinderen vaak teveel prikkels waardoor ze overstuur raken. De Theatertour is helemaal aangepast op de behoeften van deze kinderen.

De voorstelling 'Het Zintuigenrijk' gaat over de zintuigen en begint met een muzikale hoofdshow waarin de verschillende zintuigen (Oog, Oortje, De Neus, De Tong en Handje H.) zich aan de kinderen voorstellen.
Na deze hoofdvoorstelling van ongeveer 20 minuten gaan de kinderen naar een van de vier omringende tenten. Lekker ruiken in de Mandarijnentuin. Kijken naar de prachtige kleuren in Het

Een jongen geniet van de CliniClowns Theatertour

Kleurrijk. Samen muziek maken in het Orenpaviljoen. Lekker voelen in de Foefelhof. En heerlijk eten en drinken in de Taverne van de Tong. Elk kind krijgt daar aandacht en de familie wordt daar ook steeds bij betrokken. Het resultaat? Bijzondere contactmomenten: een jongetje masseert de handen van zijn zusje met speciale olie. Een vader slaat zachtjes met de handen van zijn zoontje op een tamboerijn. Want 'Samen Beleven' staat centraal bij de Theatertour.

5. Het leven van Wouter

Wouter en 'zijn' CliniClowns

Wouter is elf jaar en heeft CliniClowns Nop en Neel vaak op bezoek gehad. In het ziekenhuis, maar ook thuis. Dit is verhaal van en over Wouter.

Wouter: ' De eerste keer vond ik ze wel een beetje vreemd. Ze stonden opeens naast m'n bed met een accordeon en hadden ruzie omdat er eentje zogenaamd niet in de maat speelde. Of ze crosten met een driewieler door de gang... Maar het was wel lachen! Later keek ik er wel naar uit dat ze kwamen, maar soms ook niet.'

Wouter is heel erg ziek geweest. Hij had leukemie, dat is kanker. Gelukkig was het een lichte vorm die hij kreeg toen hij acht jaar was.

Wouter: 'Leukemie... ik kende dat woord toen nog niet. Ik dacht dat het een soort griepje was. Toen ik hoorde dat het een vorm van kanker was, moest ik meteen aan mijn opa denken. Die is daaraan doodgegaan. Dus toen dacht ik: nu ga ik ook dood. Daar moest ik wel van huilen. Toen moest ik naar het VU medisch centrum in Amsterdam. En daar spelen Nop en Neel. Dan kwamen ze opeens gek binnen hobbelen, liepen ze met stokkies te gooien of kwamen ze weer eens snoepjes bietsen.'

Wouter had in die eerste weken veel heimwee. Hij had vaak geen zin om te doen wat het ziekenhuis wilde. In die tijd was het fijn dat Nop en Neel wat vaker langskwamen. Dan had Wouter wat afleiding en plezier. Omdat ze Wouter goed kennen, weten ze precies wat hij leuk vindt. Welke grapjes wel en niet kunnen. En als Wouter geen zin heeft, gaan ze gewoon weer weg.

Wouter: 'Ja, soms had ik even geen zin in vrolijke mensen. Dan was ik chagrijnig en kwamen zij opeens leuke dingen doen. Op dat soort momenten zeg ik: wegwezen jongens. Dan heb ik geen zin in iemand, zelfs niet in mijn eigen moeder. Maar meestal deden ze wel leuke dingen. Vooral als ze met z'n tweetjes wedstrijdjes gingen houden en ik de scheidsrechter mocht zijn!'

Gelukkig is Wouter genezen van de leukemie. Maar hij heeft aan de behandeling helaas wel een andere ziekte overgehouden. Als Wouter zich stoot heeft hij meteen een blauwe plek. Wouter mag daarom bijvoorbeeld niet voetballen en ook niet gymmen op school. Dat valt niet mee voor hem, want Wouter beweegt graag. Wouter gaat dus nog steeds naar het ziekenhuis, maar nu naar de polikliniek. En natuurlijk komen Nop en Neel dan 'weer even gek doen'.

6. Belevenissen van kinderen met CliniClowns

Kinderen maken heel veel mee met de CliniClowns. Hieronder een aantal voorbeelden.

Worstelen met schoenen

Soms begint het spel van de CliniClowns al op de gang in het ziekenhuis. Dat overkwam de zevenjarige Daphne in het Sophia Kinderziekenhuis van Rotterdam. Clown Toef loopt op één schoen en dus zegt Daphne: 'Doe je schoen eens aan!' 'Makkie!' reageert Toef, maar hoe zij ook worstelt, de schoen vliegt van de ene naar de andere kant van de gang. Clown Jep besluit om te gaan helpen, maar daar wordt het niet beter van. Tot grote hilariteit van Daphne, die de schoen telkens weer ophaalt. Gelukkig weet zij ook hoe het moet en helpt zij zelfs met strikken.

Zwaaien met tasjes

Clowns Gigi en Sproet lopen de speelkamer van het ziekenhuis binnen met in hun ene hand een sjaal en in hun andere een tasje. Ze willen de 4-jarige Indy graag gedag zwaaien, maar dat is maar wat lastig als je je handen vol hebt. De tasjes vallen steeds op de grond, tot grote vreugde van Indy, die keer op keer de tasjes oppakt voor de clowns. Gelukkig weet Indy wél hoe het moet en legt de clowns uit dat ze moeten zwaaien én de tasjes vast moeten houden. Na vele pogingen lijken de clowns het te begrijpen. Met haar tasje in de hand zwaait Sproet enthousiast in het rond en slaat daarmee pardoes Gigi tegen haar hoofd. Al zwaaiend lopen ze de deur uit en laten een schaterende Indy achter.

Hoe krijg je ze wakker?

In het ziekenhuis liggen en toch een mooi moment beleven? Dat is het CliniClowns effect! Soumia geniet er met volle teugen van. Want clowns Sproet en Gigi doen ook wel heel erg mal. Sproet heeft een knuffelbeer waarmee Gigi al snel in slaap valt. 'Wakker worden!' roept Sproet, maar dat helpt niet. 'Zal ik haar knijpen of laten schrikken?' Soumia heeft een beter idee: 'Je moet haar kietelen!' En dat werkt. Gigi barst in lachen uit, vooral als de knuffelbeer ook gaat kietelen.
Maar dan valt Sproet in slaap. Het lukt Gigi niet om haar wakker te krijgen. Ze begint te gapen en... snurk! Nu moet Soumia het alleen oplossen. Ze maakt de clowns wakker en laat zien hoe je beer moet oppakken zonder in slaap te vallen. Tevreden verlaten Sproet en Gigi de kamer.

Luchtpost

CliniClown Tino webcamt met Niels. Tino's doel: 'Proberen om zo snel mogelijk het scherm tussen ons uit te krijgen, zodat het echt contact wordt.'
Niels: 'Wat heb je daar allemaal?'
Tino: 'Toetsenborden. Van een computer.'
Niels: 'Die wil ik ook wel.'
Tino: 'Welke kleur?'
Niels: 'Paars!'
Even is het stil. Dan gaat Tino op zoek naar een geschikt toetsenbord. Hij rommelt in zijn voorraad en showt onhandig acht toetsenborden. Niels maakt een keus en dan...? Tja, hoe krijg je zo'n ding bij Niels in de huiskamer. Idee: per luchtpost! Tino neemt een aanloop en gooit het toetsenbord naar Niels toe. Die vangt het op en laat glunderend haar (eigen) toetsenbord zien. Zo vliegt er ook een koptelefoon door de lucht.
'Lust je ook koffie?' vraagt Tino dan. Hij wijst op een bijna lege mok. Niels knikt enthousiast en omdat ze niet wil dat de luchtpost-truc mislukt, vraagt ze haar moeder snel een mok te bren-

gen. Opnieuw de aanloop van Tino, maar onderweg struikelt hij.
Zijn shirt en broek zitten onder de koffievlekken. Maar.... verras-
sing! Niels heeft de mok toch kunnen vangen.
Hoewel er onderweg wel bloemetjes op de witte mok van Tino
gekomen zijn.

Een onverwachte glimlach

Op een dag maken CliniClowns Jopja en Ziep muziek op een
afdeling van De Hartekamp Groep (een instelling voor kinderen
met een verstandelijke handicap). Een jongen loopt langs. Hij
ziet ze niet zitten. Of toch? Opeens staat hij recht voor Ziep.
Whap... er verschijnt een enorme glimlach op het gezicht van de
jongen, die tot nog toe erg in zichzelf gekeerd was, en zijn ogen
straalden! Het is een kort, maar intens moment dat zich later met
Jopja nog nadrukkelijker herhaalt.

Waarom dit gebeurt? (CliniClown Jopja): 'Dat zul je nooit precies weten. Wat we proberen is om optimaal 'vriend' voor hem
te zijn. We zoeken naar een 'taal' die hij begrijpt; een taal die
voor ieder kind anders kan zijn.'

'Heb ik dit?'

De eerste gedachte van Mandy (15 jaar) als ze de clowns ziet:
'Heb ik dit? Wat moet ik met die malloten?' CliniClowns Bella
en Mus merken de grote aarzeling. Toch proberen ze contact te
maken. Voorzichtig kruipen ze over de grond naar haar bed. Ze
ruiken en voelen aan de laarzen van haar moeder die al snel haar
lachen niet meer kan inhouden. Het werkt aanstekelijk: ook
Mandy laat zich gaan. Ze heeft lol om de ongelooflijke knullig-
heid van de clowns. 'Ligt dat bed wel goed?' Ze wachten niet op
antwoord en gaan erbovenop liggen. Al met al wordt het een
gezellig zootje. De clowns gaan weer zoals ze gekomen zijn:
glijdend op hun buik.

Een draaierig bed

Bernie is zeven jaar. Ze ligt in het ziekenhuis en ziet opeens…
twee rode neuzen. Het zijn Bella en Mus. Maar komen ze wel
binnen? Ja, en heel beleefd. Met ontelbaar veel buigingen en
natuurlijk eindeloos handen schuddend. Dus krijgt haar moeder
ook een hand en nu ze er toch zijn... ook alle spullen in de
kamer. Wel jammer dat je niet zo goed naar buiten kunt kijken.
Daar weten de clowns wel wat op. En dus draaien ze Bernie's
bed gewoon een kwartslag. Ze laat het lachend gebeuren. Tja, en
dan gaat het mis! Want hoe stond het bed ook alweer? Halve
slag naar links? Kwartslag naar rechts? Of een heel rondje? De

clowns komen klem te zitten tussen het bed en de muur. Met veel omhaal weten ze zich uiteindelijk te bevrijden. Bernie en haar moeder gierend van de lach achterlatend.

Aangevallen door een zeepbel

Hoe betrek je heel jonge kinderen in het spel? CliniClowns Böwö en Pépé kijken eerst goed wat kinderen zelf willen. En dan blijken gekleurde zeepbellen het erg goed te doen. Vooral Rowan (2 jaar) weet van geen ophouden. Is hij eerst nog op de gang rondjes aan het rijden op zijn tractor, even later springt hij vrolijk door de kamer om al die wonderlijke bellen te vangen. Het lachen komt uit zijn tenen als dat lukt. Stoppen? Mooi niet! Dus draait hij de bellenblaas van de clowns eigenhandig weer open. Het gevolg? Iedereen op de grond van het lachen. Vooral om Böwö die net doet alsof hij door de zeepbellen van Rowan wordt aangevallen!

Een vliegende tekening

Marjolein (9 jaar) webcamt met Flip, een van de clowns van www.neuzenroode.nl. Marjolein weet al dat Flip dol is op de zee. Ze besluit een tekening voor hem te maken over een boot-reis. 'Dat kan ik ook!' roept Flip blij en even later gooit hij zijn tekening 'door het scherm' naar Marjolein. Het is net of de teke-ning ook bij Marjolein thuis op haar toetsenbord valt. Ze komt niet meer bij van het lachen. Twee werelden: Marjolein thuis en clown Flip in de Villa. Ze komen voor even bij elkaar. Met Marjolein in een glunderende hoofdrol!

7. Tot slot

Weet je dat 90% van de kinderen ooit in een ziekenhuis terechtkomt? Dat betekent dat er maar heel weinig kinderen zijn die nooit in een ziekenhuis hoeven te liggen.
Omdat er zoveel kinderen in ziekenhuizen liggen, is er werk genoeg voor de CliniClowns. Natuurlijk kost dat werk geld. Maar gelukkig zijn er veel mensen die geld willen geven. Bijvoorbeeld door *donateur* te worden.

Wat jij zelf kunt doen voor CliniClowns

Door aandacht te besteden aan het werk van de CliniClowns weten steeds meer mensen dat ze er zijn en zoveel belangrijk werk doen.
Dus wie een spreekbeurt houdt over CliniClowns, of wie er een werkstuk over maakt, doet ook goed werk. Van de site van CliniClowns (www.cliniclowns.nl) kun je heel veel informatie halen, een spreekbeurtpakket of kleurplaten downloaden en zelfs een lespakket bestellen voor je leerkracht.
Je kunt ook met je school een actiepakket bestellen, een Rode Neuzendag-pakket. Dan kun je met de hele school geld inzamelen voor CliniClowns. Bijvoorbeeld door een kunstveiling te houden of door sponsors te werven voor een parcours dat iedereen gaat doen.

Wie wil helpen om de Stichting CliniClowns Nederland voort te laten bestaan, kan dat doen door geld over te maken op een speciale rekening, te weten gironummer 6640. Kijk ook op www.cliniclowns.nl; mail naar info@cliniclowns.nl; bel met 0900-3030300 (? 0,10 per minuut); fax naar nummer 033 - 469 90 50 of schrijf naar Postbus 1565, 3800 BN Amersfoort.

Woorden en begrippen

Act,	optreden, nummer in een circus
Apparatuur,	toestellen, mechanische hulpmiddelen
Chronisch,	langdurig, slepend
Depressief,	zo verdrietig dat je niet prettig kunt leven
Donateur,	iemand die een vereniging of instelling met een geldbedrag steunt
Gehandicapt,	belemmerd, waardoor je niet altijd volwaardig kunt meedoen
Kinderhospice,	een huis waar ernstig zieke kinderen, vaak met complexe zorgvragen, (tijdelijk) kunnen wonen of logeren
Isolement,	afzondering, alleen staan
Oncologie,	wetenschappelijke kennis over kankergezwellen
Orthopedagogen,	mensen die gespecialiseerd zijn in het omgaan met kinderen met een verstoorde ontwikkeling
Pedagogisch,	wat met opvoeding te maken heeft
Pilotproject,	het uitproberen van een vooropgezet plan
Revalidatie,	het weer in staat maken om lichamelijk werk te verrichten
Revalideren, activeren,	het weer in staat maken om lichamelijk werk te verrichten
Röntgenfoto,	foto van de binnenkant van een (deel van het) menselijk lichaam
Solliciteren,	vragen of je een bepaalde baan mag hebben
Therapieën,	speciale geneeswijze
Virtueel,	in gedachten, niet in de werkelijkheid

Nog meer informatie

Als je op het Internet inlogt en naar Google gaat, typ je gewoon 'cliniclowns' in. Let op, het woord heeft maar een enkele c in het midden! Je vindt een hele rij sites die allemaal over het werk van de clowns gaan. Op de ene site kun je voornamelijk lezen, op de andere kun je zelf actief aan de slag met spelletjes of geknutsel. Soms moet je je aanmelden om mee te mogen doen.

Bronnen voor dit boekje

Artikelen:

- Algemene informatie. Stichting CliniClowns Nederland. November 2006
- Alle kinderen halen rijbewijs bij ingebruikname verkeersspel. Artikel in Noordhollands Dagblad editie Dagblad Zaanstreek. November 1995
- CliniClown geeft kind weer macht. Florence van Berkel. Volkskrant, 27-12-1993
- CliniClownskrant. December 2006
- Clinclownesk. Arjan Peters. De Volkskrant, 04-10-1996
- CliniClowns. Artikel in Elle, februari 1995
- CliniClowns brengen verlichting in een zieke kinderwereld. Algemeen Dagblad, 15-06-1994
- CliniClowns eten pleisterclowns op. Gretha Parna. NRC Handelsblad, 15-12-2001
- De Cliniclowns. Ellen de Visser. De Volkskrant, 20-07-2002
- De CliniClowns. Henri Kupers. VTZ Nieuwsbrief, 1995
- De lach van de CliniClowns. Ronneke van Geneugten. De Telegraaf, 05-11-2003
- Een clown geneest niet, maar lachen is gezond. Margot Poll. NRC Handelsblad, 22-02-1993

- Een infuus met chocolademelk en reuzepleisters.
  Aaltje van Gastel. Flair, 1995
- Een kind even gelukkig maken, daar gaat het om.
  Judith van Heck. De Gelderlander, december 1995
- Goed dat er clowns zijn in een wereld van angst en pijn.
  Hans Vrind. Haagse Courant, november 1995
- Jaarverslag Stichting Cliniclowns 1994
- Jaarverslag CliniClowns Nederland 2005
- Jaarverslag CliniClowns Nederland 2006
- Lachen met CliniClowns. Artikel in Samen, september 1995
- Lachen om de pijn te verzachten. Trouw, 15-06-1994
- Wat doen clowns in ziekenhuizen? Angelique van Breemen.
  Tijdschrift voor verpleegkundigen, 15-12-1994

Internetsites:

www.cliniclowns.nl
www.neuzenroode.nl

Reeds verschenen
in de WWW-reeks:

 SLOTERVAART

Pieter Callandlaan 87 b   1065 KK Amsterdam
Tel. 615 05 14
slvovv@oba.nl